하루 한 편
김소월을 새기다

1판 1쇄 발행 2022년 2월 4일

저　　자 | 김소월
발 행 인 | 김길수
발 행 처 | ㈜영진닷컴
주　　소 | (우)08507 서울 금천구 가산디지털2로 128
　　　　　　STX-V타워 4층 401호
등　　록 | 2007. 4. 27. 제16-4189호

ⓒ2022. ㈜영진닷컴

ISBN | 978-89-314-6539-6

이 책에 실린 내용의 무단 전재 및 무단 복제를 금합니다.
파본이나 잘못된 도서는 구입하신 곳에서 교환해 드립니다.

YoungJin.com Y.
영진닷컴

김구 1876년 8월 29일 ~ 1949년 6월 26일

독립운동가이자 정치가로서 일제강점기에 대한민국 임시정부에서 활동하였다. 일본의 패전으로 대한민국이 광복을 맞이한 후에는 자주적인 통일 정부를 세우고자 노력하였다.

한용운 1879년 8월 29일 ~ 1944년 6월 29일

독립운동가이자 불교에 귀의한 승려이자 민족시를 노래한 시인이다. 민족대표 33인 중 불교계를 대표하며 저항문학과 3.1 독립선언을 이끌었다. 불교의 현실 참여를 강하게 주장하였다.

안중근 1879년 9월 2일 ~ 1910년 3월 26일

독립운동가로서 삼흥학교를 세우는 등 인재양성에 힘을 기울였다. 하얼빈에서 국권 피탈의 원흉 을사늑약을 강요한 인물인 이토 히로부미를 사살하고 사형을 선고받아 순국하였다.

윤봉길 1908년 6월 21일 ~ 1932년 12월 19일

1932년 상하이 훙커우 공원에서 있던 일왕의 생일 행사장에 폭탄을 투하하였고 이때 일본 군사 주요 인물들이 사상시킨 의사이다. 현장에서 일본군에 의해 체포당하고 총살형을 받아 그해 순국하였다.

 가슴에 품고 싶은 시가 생겼다면 적어 보세요.

나의 집

들가에 떨어져 나가 앉은 멧기슭의
넓은 바다의 물가 위에,
나는 지으리, 나의 집을,
다시금 큰길을 앞에다 두고.
길로 지나가는 그 사람들은
제가끔 떨어져서 혼자 가는 길.
하이얀 여울턱에 날은 저물 때.
나는 문간에 서서 기다리리
새벽 새가 울며 지새는 그늘로
세상은 희게, 또는 고요하게,
번쩍이며 오는 아침부터,
지나가는 길손을 눈여겨보며,
그대인가고, 그대인가고.

나의 집

들가에 떨어져 나가 앉은 멧기슭의
넓은 바다의 물가 뒤에,
나는 지으리, 나의 집을,
다시금 큰길을 앞에다 두고.
길로 지나가는 그 사람들은
제가끔 떨어져서 혼자 가는 길.
하이얀 여울턱에 날은 저물 때.
나는 문간에 서서 기다리리
새벽 새가 울며 지새는 그늘로
세상은 희게, 또는 고요하게,
번쩍이며 오는 아침부터,
지나가는 길손을 눈여겨보며,
그대인가고, 그대인가고.

세모감
歲暮感

금년도 한해는 어디 갔노
두는 데 없건만 가는 세월.
온다는 새해는 어디 오노
값없이 덧없는 나이 한 살.

걷는 길 같으면 돌아가리
걸을 길 같아도 쉬어가리.
깨였을 말로는 자도 보리
꿈이라고 하면 깨어 보리.

모르는 글자도 아니지만
감았던 마음만 이르집네[42].
못 먹는 술이나 아니언만
간다사 원마다 술값 있네.

××酒幕[주막]

42 이르집네 : 파헤치네

님과 벗

벗은 설움에서 반갑고
님은 사랑에서 좋아라.
딸기꽃 피어서 향기로운 때를
고초의 붉은 열매 익어가는 밤을
그대여, 부르라, 나는 마시리.

님과 벗

벗은 설움에서 반갑고

님은 사랑에서 좋아라.

딸기꽃 피어서 향기로운 때를

고초(苦草)의 붉은 열매 익어가는 밤을

그대여, 부르라, 나는 마시리.

눈물이 수르르 흘러납니다

눈물이 수르르 흘러납니다.
당신이 하도 못 잊게 그리워서
그리 눈물이 수르르 흘러납니다.

잊히지도 않는 그 사람은
아주나 내버린 것이 아닌데도
눈물이 수르르 흘러납니다.

가뜩이나 설운 맘이
떠나지 못할 눈에 떠난 것도 같아서
생각하면 눈물이 수르르 흘러납니다.

눈물이 수르르 흘러납니다

눈물이 수르르 흘러납니다,
당신이 하도 못 잊게 그리워서
그리 눈물이 수르르 흘러납니다.

잊히지도 않는 그 사람은
아주나 내버린 것이 아닌데도,
눈물이 수르르 흘러납니다.

가뜩이나 설운 맘이
떠나지 못할 운에 떠난 것도 같아서
생각하면 눈물이 수르르 흘러납니다.

전망

부엿한 하눌, 날도 채 밝지 않았는데,
흰 눈이 우멍구멍[38] 쌔운[39] 새벽,
저 남편 물가 위에
이상한 구름은 층층대 떠올라라.

마을 아기는
무리 지어 서재로 올라들가고,
시집살이하는 젊은이들은
가끔가끔 우물길 나들어라.
소삭한[40] 난간 위를 거닐으며
내가 볼 때 온 아침, 내 가슴의,
좁혀 옮긴 그림장이 한 옆을,
한갓 더운 눈물로 어룽지게.

어깨 위에 총 메 사냥마치
반백의 머리털에 바람 불며
한번 달음박질. 올 길 다 왔어라.
흰 눈이 만산편야 쌔운 아침.

38 우멍구멍 : 고르지 못하고 우묵하게 파인 모양
39 쌔운 : 쌓인
40 소삭한 : 고요하고 쓸쓸한
41 만산편야(滿山遍野) : 산과 들에 가득

엄마야
누나야

엄마야 누나야 강변 살자.
뜰에는 반짝이는 금모래빛,
뒷문 밖에는 갈잎의 노래
엄마야 누나야 강변 살자!

엄마야
누나야

엄마야 누나야 강변 살자.
뜰에는 반짝이는 금모래빛,
뒷문 밖에는 갈잎의 노래
엄마야 누나야 강변 살자!

어려 듣고
자라 배워
내가
안 것은

이것이 어려운 일인 줄은 알면서도,
나는 아득이노라, 지금 내 몸이
돌아서서 한 걸음만 내어놓으면!
그 뒤엔 모든 것이 꿈되고 말련마는,
그도 보면 엎드러진 물은 흘러버리고
산에서 시작한 바람은 벌에 불더라.

타다 남은 촉불의 지는 불꽃을
오히려 뜨거운 입김으로 불어가면서
비추어 볼 일이야 있으랴, 오오 있으랴
차마 그대의 두려움에 떨리는 가슴의 속을,
때에 자리 잡고 있는 낯모를 그 한 사람이
나더러 '그만하고 갑시다' 하며, 말을 하더라.

붉게 익은 댕추[37]의 씨로 가득한 그대의 눈은
나를 가르쳐 주었어라, 열 스무 번 가르쳐 주었어라.
어려 듣고 자라 배워 내가 안 것은
무엇이랴 오오 그 무엇이랴?
모든 일은 할 대로 하여 보아도
얼마만 한 데서 말 것이더라.

37 댕추 : 고추

야(夜)의 우적(雨滴)

어디로 돌아가랴,
나의 신세는,
내 신세 가엾이도
물과 같아라.

험궂은 산막지면
돌아서 가고,
모지른 바위이면
넘쳐 흐르랴.

그러나 그리해도
헤날 길 없어,
가엾은 설움만은
가슴 눌러라.

그 아마 그도 같이
야의 우적,
그같이 지향 없이
헤맴이라.

봄밤

실버드나무의 검으스렷한 머리결인 낡은 가지에
제비의 넓은 깃나래의 감색 치마에
술집의 창 옆에, 보아라, 봄이 앉았지 않는가.

소리도 없이 바람은 불며, 울며, 한숨지어라
아무런 줄도 없이 섧고 그리운 새카만 봄밤
보드라운 습기는 떠돌며 땅을 덮어라.

새벽

낙엽이 발이 숨는 못물가에
우뚝우뚝한 나무 그림자
물빛조차 어슴푸레히 떠오르는데,
나 혼자 섰노라. 아직도 아직도,
동녘 하늘은 어두운가.
천인에도 사랑 눈물. 구름되어,
외로운 꿈의 베개. 흐렸는가
나의 님이여. 그러나 그러나
고이도 불그스레 물 길러 와라
하늘 밟고 겨녁에 섯는 구름.
반달은 중천에 지새일 때.

새벽

낙엽이 발이 숨는 못물가에
우뚝우뚝한 나무 그림자
물빛조차 어슴푸레히 떠오르는데,
나 혼자 섰노라, 아직도 아직도,
동녘 하늘은 어두운가.
천인에도 사랑 눈물, 구름되어,
외로운 꿈의 베개, 흐렸는가
나의 님이여, 그러나 그러나
고이도 붉으스레 물 길러 와라
하늘 밟고 저녁에 섰는 구름.
반달은 중천에 지새일 때.

김소월을 새기다

희망

날은 저물고 눈이 내려라
낯선 물가로 내가 왔을 때.
산속의 올빼미 울고 울며
떨어진 잎들은 눈 아래로 깔려라.

아아 숙살스러운[35] 풍경이여
지혜의 눈물을 내가 얻을 때!
이제금 알기는 알았건만은!
이 세상 모든 것을
한갓 아름다운 눈어림의
그림자뿐인 줄을.

이울어[36] 향기 깊은 가을밤에
우무주러진 나무 그림자
바람과 비가 우는 낙엽 위에.

35 숙살스러운 : 냉랭하고 살벌한
36 이울어 : 시들어

봄

이 나라 나라는 부서졌는데
이 산천 여태 산천은 남아 있더냐
봄은 왔다 하건만 풀과 나무에 뿐이어

오! 서럽다, 이를 두고 봄이냐
치워라, 꽃잎에도 눈물뿐 흐르며
새무리는 지저귀며 울지만
쉬어라, 이 두근거리는 가슴아

못 보느냐, 벌겋게 솟구는 봉숫불[34]이,
끝끝내 그 무엇을 태우려 함이리오
그리워라 내 집은
하늘 밖에 있나니

애닯다 긁어 쥐어뜯어서
다시금 젊어졌다고
다만 이 희긋희긋한 머리칼뿐
이제는 빗질할 것도 없구나.

---

34 봉숫불 : 봉홧불

붉은 조수

바람에 밀려드는 저 붉은 조수
저 붉은 조수가 밀어들 때마다
나는 저 바람 위에 올라서서
푸릇한 구름의 옷을 입고
불 같은 저 해를 품에 안고
저 붉은 조수와 나는 함께
뛰놀고 싶구나, 저 붉은 조수와.

붉은 코스모스

바람에 밀려드는 저 붉은 코스모스
저 붉은 코스모스가 밀어들 때마다
나는 저 바람 위에 올라서서
푸릇한 구름의 옷을 입고
불 같은 저 해를 품에 안고
저 붉은 코스모스와 나는 함께
피고 싶구나, 저 붉은 코스모스와.

비단 안개

눈들이 비단 안개에 둘리울 때,
그때는 차마 잊지 못할 때러라.
만나서 울던 때도 그런 날이오,
그리워 미친 날도 그런 때러라.

눈들이 비단 안개에 둘리울 때,
그때는 홀목숨은 못살 때러라.
눈 풀리는 가지에 당치맛귀[33]로
젊은 계집 목매고 달릴 때러라.

눈들이 비단 안개에 둘리울 때,
그때는 종달새 솟을 때러라.
들에랴, 바다에랴, 하늘에서랴,
알지 못할 무엇에 취할 때러라.

눈들이 비단 안개에 둘리울 때,
그때는 차마 잊지 못할 때러라.
첫사랑 있던 때도 그런 날이오
영 이별 있던 날도 그런 때러라.

[33] 당치맛귀 : 당의(예복) 치마의 귀퉁이

빛

겨우나 새벽녘에 이룬 잠이

털빛 시컴한 개 한 마리

우리 집 대문 웃지방에

목매달려 늘어져 되룽되룽

숨이 끊어지는 마지막 몸부림에

가위 눌려 깨어 보니

멍클도 하다 내 마음에

무엇이 있는가, 아아 빛이로다.

아아 괴로워라, 달이 우는 내 마음의 가름째[32]야.

---

32 가름째 : 갈라지는 여름의 등성이나 고개

예전엔 미처 몰랐어요

봄 가을 없이 밤마다 돋는 달도
예전엔 미처 몰랐어요.

이렇지 사무치지 그리울 줄도
예전엔 미처 몰랐어요.

달이 아무리 밝아도 쳐다볼 줄을
예전엔 미처 몰랐어요.

이제금 저 달이 설움인 줄은
예전엔 미처 몰랐어요.

예전엔 미처 몰랐어요

봄 가을 없이 밤마다 돋는 달도
예전엔 미처 몰랐어요.

이렇게 사무치게 그리울 줄도
예전엔 미처 몰랐어요.

달이 암만 밝아도 쳐다볼 줄을
예전엔 미처 몰랐어요.

이제금 저 달이 설움인 줄은
예전엔 미처 몰랐어요.

묵념

이슥한[28] 밤, 밤기운 서늘할 제
홀로 창턱에 걸터앉아, 두 다리 늘이우고,
첫 머구리[29] 소리를 들어라.
애처롭게도, 그대는 먼첨 혼자서 잠드누나.

내 몸은 생각에 잠잠할 때. 희미한 수풀로서
촌가의 액막이 제 지내는 불빛은 새어 오며,
이윽고, 비난수[30]도 머구리 소리와 함께 잦아져라.
가득히 차오는 내 심령은…… 하늘과 땅 사이에.

나는 무심히 일어 걸어 그대의 잠든 몸 위에 기대어라
움직임 다시없이, 만뢰는 구적한데[31],
희요히 내려비추는 별빛들이
내 몸을 이끌어라, 무한히 더 가깝게.

28 이슥한 : 깊은
29 머구리 : 개구리
30 비난수 : 귀신에게 비는 소리
31 만뢰는 구적한데 : 밤이 깊어 고요한데

옛이야기

고요하고 어두운 밤이 오면은
어스러한 등불에 밤이 오면은
외로움에 아픔에 다만 혼자서
하염없는 눈물에 저는 웁니다

제 한 몸도 예전엔 눈물 모르고
조그만한 세상을 보냈습니다
그때는 지난날의 옛이야기도
아무 설움 모르고 외웠습니다

그런데 우리 님이 가신 뒤에는
아주 저를 버리고 가신 뒤에는
전날에 제게 있던 모든 것들이
가지가지 없어지고 말았습니다

그러나 그 한때에 외워 두었던
옛이야기뿐만은 남았습니다
나날이 짙어가는 옛이야기는
부질없이 제 몸을 울려 줍니다

해가
산마루에
저물어도

해가 산마루에 저물어도
내게 두고는 당신 때문에 저뭅니다.

해가 산마루에 올라와도
내게 두고는 당신 때문에 밝은 아침이라고 할 것입니다.

땅이 꺼져도 하늘이 무너져도
내게 두고는 끝까지 모두 다 당신 때문에 있습니다.

다시는, 나의 이러한 맘뿐은, 때가 되면,
그림자같이 당신한테로 가우리다.

오오, 나의 애인이었던 당신이여.

4장

1934년 12월 24일 사망, 향년 32세

설움의
덩이

꿇어앉아 올리는 향로의 향불.
내 가슴에 조그만 설움의 덩이.
초닷새 달 그늘에 빗물이 운다.
내 가슴에 조그만 설움의 덩이.

설움의
덩이

꿇어앉아 올리는 향로의 향불.
내 가슴에 조그만 설움의 덩이.
초닷새 달 그늘에 빗물이 운다.
내 가슴에 조그만 설움의 덩이.

옷

술 냄새 담배 냄새 물든 옷
이 옷도 그대의 입혀 주심
밤비에 밤이슬에 물든 옷
이 옷도 그대의 입혀 주심

그대가 내 몸에 입히신 옷
저 하늘 같기를 바랐더니
갈수록 물 낡는 그대의 옷
저 하늘 같기를 바랐더니

오시는 눈

땅 위에 새하얗게 오시는 눈.
기다리는 날에는 오시는 눈.
오늘도 저 안 온 날 오시는 눈.
저녁불 켤 때마다 오시는 눈.

어디로

내 마음은 어디로 가야 옳으리까
쉼 없이 궂은비는 내려 오고
지나간 날 괴로움의 쓰린 기억
내게 어두운 구름되어 덮이는데.

바라지 않으리라던 새로운 희망
생각지 않으리라던 그대 생각
번개같이 어둠을 깨친다마는
그대는 닿을 길 없이 높은 데 계시오니

아— 내 마음은 어디로 가야 옳으리까.

잊었던 맘

집을 떠나 먼 저곳에
외로이도 다니던 내 심사를!
바람 불어 봄꽃이 필 때에는
어찌타 그대는 또 왔는가.
저도 잊고 나니 저 모르던 그대
어찌하여 옛날의 꿈조차 함께 오는가.
쓸데도 없이 서럽게만 오고 가는 맘.

자나 깨나 앉으나 서나

자나 깨나 앉으나 서나
그림자 같은 벗 하나이 내게 있었습니다.

그러나, 우리는 얼마나 많은 세월을
쓸데없는 괴로움으로만 보내었겠습니까!

오늘은 또다시, 당신의 가슴속, 속 모를 곳을
울면서 나는 휘저어 버리고 떠납니다그려.

허수한 맘, 둘 곳 없는 심사에 쓰라린 가슴은
그것이 사랑, 사랑이던 줄이 아니도 잊힙니다.

금잔디

잔디,
잔디,
금잔디,
심심산천에 붙는 불은
가신 님 무덤가에 금잔디.
봄이 왔네, 봄빛이 왔네.
버드나무 끝에도 실가지에.
봄빛이 왔네, 봄날이 왔네.
심심산천에도 금잔디에.

금잔디

잔디,
잔디,
금잔디,
심심산천에 붙는 불은
가신 님 무덤가에 금잔디.
봄이 왔네, 봄빛이 왔네.
버드나무 끝에도 실가지에.
봄빛이 왔네, 봄날이 왔네,
심심산천에도 금잔디에.

그리워

봄이 다 가기 전,
이 꽃이 다 흩기 전
그린 님 오실까구
뜨는 해 지기 전에.

엷게 흰 안개 새에
바람은 무겁거니,
밤샌 달 지는 양자,
어제와 그리 같이,

붙일 길 없는 맘세[27],
그린 님 언제 뵐련,
우는 새 다음 소린,
늘 함께 듣사오면.

[27] 맘세 : 마음

옛낯

생각의 끝에는 잠이 오고
그리움의 끝에는 잊음이 오나니
그대여, 말을 말아라, 이후부터
우리는 옛낯 없는 설움을 모르리

옛낯

생각의 끝에는 잠이 오고
그리움의 끝에는 잊음이 오나니
그대여, 말을 말아라, 이후부터
우리는 옛낯 없는 설움을 모르리

깊고 깊은 언약

몹쓸은 꿈을 깨어 돌아누울 때,
봄이 와서 멧나물 돋아나올 때,
아름다운 젊은이 앞을 지날 때,
잊어버렸던 듯이 저도 모르게,
얼결에 생각나는 깊고 깊은 언약

기회

강 위에 다리는 놓였던 것을!
나는 왜 건너가지 못했던가요.
'때'의 거친 물결은 볼 새도 없이
다리를 무너치고 흐릅니다려

먼저 건넌 당신이 어서 오라고
그만큼 부르실 때 왜 못 갔던가!
당신과 나는 그만 이편 저편서.
때때로 울며 바랄 뿐입니다려.

기회

강 위에 다리는 놓였던 것을!
나는 왜 건너가지 못했던가요.
'때'의 거친 물결은 볼 새도 없이
다리를 무너치고 흘음너려

먼저 건넌 당신이 어서 오라고
그만큼 부르실 때 왜 못 갔던가!
당신과 나는 그만 이편 저편서,
때때로 울며 바랄 뿐입니다려.

고적한 날

당신 님의 편지를
받은 그날로
서러운 풍설이 돌았습니다.

물에 던져 달라고 하신, 그 뜻은
언제나 꿈꾸며 생각하라는
그 말씀인 줄 압니다.

흘려 쓰신 글씨나마
언문 글자로
눈물이라고 적어 보내셨지요.

물에 던져 달라고 하신 그 뜻은
뜨거운 눈물 방울방울 흘리며,
맘 곱게 읽어 달라는 말씀이지요.

개아미

진달래꽃이 피고
바람은 버들가지에서 울 때,
개아미는
허리 가늣한 개아미는
봄날의 한나절, 오늘 하루도
고달퍼 부지런히 집을 지어라.

개아미

진달래꽃이 피고
바람은 버들가지에서 울 때,
개아미는
허리 가늣한 개아미는
봄날의 한나절, 오늘 하루도
고달피 부지런히 집을 지어라.

개여울

당신은 무슨 일로
그리합니까?
홀로이 개여울에 주저앉아서

파릇한 풀포기가
돋아나오고
잔물은 봄바람에 헤적일 때에

가도 아주 가지는
않노라시던
그러한 약속이 있었겠지요

날마다 개여울에
나와 앉아서
하염없이 무엇을 생각합니다

가도 아주 가지는
않노라심은
굳이 잊지 말라는 부탁인지요

드리는 노래

한 집안사람 같은 저기 저 달님

당신은 사랑의 달님이 되고
우리는 사랑의 달무리 되자.
쳐다보아도 가까운 달님
늘 같이 놀아도 싫잖은 우리.

미더움 의심 없는 보름의 달님

당신은 분명한 약속이 되고
우리는 분명한 지킴이 되자.
밤이 지샌 뒤라도 그믐의 달님
잊은 듯 보였다가도 반기는 우리.

귀엽긴 귀여워도 의젓한 달님

당신은 온 천함의 달님이 되고
우리는 온 천함의 잔별이 되자.
넓은 하늘이라도 좁았던 달님
수줍음 수줍음을 따르는 우리.

먼 후일

먼 훗날 당신이 찾으시면
그때에 내 말이 잊었노라

당신이 속으로 나무라면
무척 그리다가 잊었노라

그래도 당신이 나무라면
믿기지 않아서 잊었노라

오늘도 어제도 아니 잊고
먼 훗날 그때에 잊었노라

먼 후일

먼 훗날 당신이 찾으시면
그때에 내 말이 잊었노라

당신이 속으로 나무라면
무척 그리다가 잊었노라

그래도 당신이 나무라면
믿기지 않아서 잊었노라

오늘도 어제도 아니 잊고
먼 훗날 그때에 잊었노라

1926년 6.10 만세 운동 발발

김소월을 새기다

맘에 속의 사람

잊힐 듯이 볼 듯이 늘 보던 듯이
그립기도 그리운 참말 그리운
이 나의 맘에 속에 속 모를 곳에
늘 있는 그 사람을 내가 압니다.

인제도 인제라도 보기만 해도
다시없이 살뜰할 그 내 사람은
한두 번만 아니게 본 듯하여서
나자부티[26] 그리운 그 사람이요.
남은 다 어림없다 이를지라도
속에 깊이 있는 것, 어찌하는가.
하나 진작 낯 모를 그 내 사람은
다시없이 알뜰한 그 내 사람은……

나를 못 잊어하여 못 잊어하여
애타는 그 사랑이 눈물이 되어,
한끝 만나리 하는 내 몸을 가져
몹쓸음을 둔 사람, 그 나의 사람?

---

26 나자부티: 날 때부터.

바다

뛰노는 흰 물결이 일고 또 잦는
붉은 풀이 자라는 바다는 어디

고기잡이꾼들이 배 위에 앉아
사랑 노래 부르는 바다는 어디

파랗게 좋이 물든 남빛 하늘에
저녁놀 스러지는 바다는 어디

곳 없이 떠다니는 늙은 물새가
떼를 지어 좇니는 바다는 어디

건너서서 저편은 딴 나라이라
가고 싶은 그리운 바다는 어디

바람과 봄

봄에 부는 바람, 바람 부는 봄,
작은 가지 흔들리는 부는 봄바람,
내 가슴 흔들리는 바람, 부는 봄,
봄이라 바람이라 이 내 몸에는
꽃이라 술잔이라 하며 우노라.

바람과 봄

봄에 부는 바람, 바람 부는 봄,
작은 가지 흔들리는 부는 봄바람,
내 가슴 흔들리는 바람, 부는 봄,
봄이라 바람이라 이 내 몸에는
꽃이라 술잔이라 하며 두노라.

3장

1922년 개벽 7월호「진달래꽃」발표

불운에 우는 그대여

불운에 우는 그대여, 나는 아노라

무엇이 그대의 불운을 지었는지도,

부는 바람에 날려,

밀물에 흘러,

굳어진 그대의 가슴속도.

모두 지나간 나의 일이면.

다시금 또 다시금

적황(赤黃)의 포말[24]은 북고여라[25], 그대의 가슴속의

암청(暗靑)의 이끼여, 거칠은 바위

치는 물가의.

24 포말(泡沫) : 물거품
25 북고여라 : 거세져라

등불과
마주 앉았으려면

적적히

다만 밝은 등불과 마주 앉았으려면

아무 생각도 없이 그저 울고만 싶습니다,

왜 그런지야 알 사람도 없겠습니다마는.

어두운 밤에 홀로이 누웠으려면

아무 생각도 없이 그저 울고만 싶습니다,

왜 그런지야 알 사람도 없겠습니다마는,

탓을 하자면 무엇이라 말할 수는 있겠습니다마는.

등불과
마주 앉았으려면

적적히

커다란 밝은 등불과 마주 앉았으려면

아무 생각도 없이 그저 울고만 싶습니다,

왜 그런지야 알 사람도 없겠습니다마는.

어두운 밤에 홀로이 누웠으려면

아무 생각도 없이 그저 울고만 싶습니다,

왜 그런지야 알 사람도 없겠습니다마는,

핑계를 하자면 무엇이라 말할 수는 있겠습니다마는.

꿈꾼 그 옛날

밖에는 눈, 눈이 와라,
고요히 창 아래로는 달빛이 들어라.
어스름 타고서 오신 그 여자는
내 꿈의 품속으로 들어와 안겨라.

나의 베개는 눈물로 함빡히 젖었어라.
그만 그 여자는 가고 말았느냐.
다만 고요한 새벽, 별 그림자 하나가
창틈을 엿보아라.

남의 나라 땅

돌아다 보이는 무쇠다리

얼결에 띄워 건너서서

숨 고르고 발 놓는 남의 나라 땅.

남의 나라 땅

돌아다 보이는 무쇠다리

얼결에 띄워 건너서서

숨 고르고 발 놓는 남의 나라 땅.

낙천

살기에 이러한 세상이라고
맘을 그렇게나 먹어야지,
살기에 이러한 세상이라고,
꽃 지고 잎 진 가지에 바람이 운다.

님의
노래

그리운 우리 님의 맑은 노래는
언제나 제 가슴에 젖어 있어요

긴 날을 문밖에서 서서 들어도
그리운 우리 님의 고운 노래는
해 지고 저물도록 귀에 들려요
밤들고 잠들도록 귀에 들려요

고이도 흔들리는 노랫가락에
내 잠은 그만이나 깊이 들어요
고적한 잠자리에 홀로 누워도
내 잠은 포스근히 깊이 들어요

그러나 자다 깨면 님의 노래는
하나도 남김없이 잃어버려요
들으면 듣는 대로 님의 노래는
하나도 남김없이 잊고 말아요

황촉불

황촉불, 그저도 까맣게
스러져 가는 푸른 창을 기대고
소리조차 없는 흰 밤에,
나는 혼자 거울에 얼굴을 묻고
뜻 없이 생각 없이 들여다보노라.
나는 이르노니, 우리 사람들
첫날 밤은 꿈속으로 보내고
죽음은 조는 동안에 와서,
별 좋은 일도 없이 스러지고 말어라.

황촉 불

황촉 불, 그겨도 까맣게
스러져 가는 푸른 창을 기대고
소리조차 없는 흰 밤에,
나는 혼자 거울에 얼굴을 묻고
뜻 없이 생각 없이 들여다보노라.
나는 이르노니, 우리 사람들
첫날 밤은 꿈속으로 보내고
죽음은 조는 동안에 와서,
별 좋은 일도 없이 스러지고 말어라.

늦은 가을비

구슬픈 날, 가을날은 괴로운 밤 꾸는 꿈과 같이
모든 생명을 울린다
아파도 심하구나 음산한 바람들 세고
둑 가의 마른 풀이 갈기갈기 젖은 후에 흩어지고
그 많은 사람들도 문밖 그림자 볼수록
한 줄기 연기 곁을 길고 파리한 버들같이 스러진다.

마음의 눈물

내 마음에서 눈물 난다
뒷산에 푸르른 미루나무 잎들이 알지,
내 마을에서, 마음에서 눈물 나는 줄을.
나 보고 싶은 사람, 나 한 번 보게 하여 주소.
우리 작은놈 날 보고 싶어하지,
건넛집 갓난이도 날 보고 싶을 테지,
나도 보고 싶다, 너희들이 어떻게 자라는 것을.
나 하고 싶은 노릇 나 하게 하여 주소.
못 잊어 그리운 너의 품속이여 ─,
못 잊히고, 못 잊어 그립길래 내가 괴로워하는 조선이여.
마음에서 오늘날 눈물이 난다,
앞뒤 한길 포플러 잎들이 안다,
마음속에 마음의 비가 오는 줄을,
갓난이야 갓놈아 나 바라보라
아직도 한길 위에 인기척 있나,
무엇 이고 어머니 오시나 보라.
부뚜막 쥐도 이젠 다 달아났다.

가련한 인생

가련한, 가련한, 가련한 인생에
첫째는 삶음이라, 삶음은 곧 살림이라
살림은 곧 사랑이라, 그러면
사랑은 무엔고?
사랑은 곧 제가 저를 희생함이라.
그러면 희생은 무엇?
희생은
남의 몸을 내 몸같이 생각함이라.

가련한 인생

가련한, 가련한, 가련한 인생에
첫째는 삶음이라, 삶음은 곳 살림이라
살림은 곳 사랑이라, 그러면
사랑은 무엔고?
사랑은 곳 제가 저를 희생함이라,
그러면 희생은 무엇?
희생은
남의 몸을 내 몸같이 생각함이라,

첫 치마

봄은 가나니 저문 날에,
꽃은 지나니 저문 봄에,
속없이 우나니, 지는 꽃을,
속없이 느끼나니 가는 봄을.
꽃 지고 잎 진 가지를 잡고
미친 듯 우나니, 집난이[23]는

해 다 지고 저문 봄에
허리에도 감은 첫 치마를
눈물로 함빡히 쥐어짜며
속없이 우노나 지는 꽃을,
속없이 느끼노나, 가는 봄을.

23 집난이 : 시집간 딸

나는 세상 모르고 살았노라

'가고 오지 못한다'는 말을
없던 내 귀로 들었노라.
만수산 올라서서
옛날에 갈라선 그 내 님도
오늘날 뵈올 수 있었으면.

나는 세상 모르고 살았노라,
고락에 겨운 입술로는
같은 말도 조금 더 영리하게
말하게도 지금은 되었건만.
오히려 세상 모르고 살았으면!

'돌아서면 무심타'는 말이
그 무슨 뜻인 줄을 알았으랴.
제석산 붙는 불은 옛날에 갈라선 그 내 님의
무덤에 풀이라도 태웠으면!

부모

낙엽이 우수수 떨어질 때,
겨울의 기나긴 밤,
어머님하고 둘이 앉아
옛이야기 들어라.

나는 어쩌면 생겨 나와
이 이야기 듣는가?
묻지도 말아라, 내일 날에
내가 부모되어서 알아보랴?

부모

낙엽이 우수수 떨어질 때,
겨울의 기나긴 밤,
어머님하고 둘이 앉아
옛이야기 들어라.

나는 어쩌면 생겨 나와
이 이야기 듣는가?
묻지도 말아라, 내일 날에
내가 부모되어서 알아보랴?

김소월을 새기다

잠 못 드는 태양

이 잠 못 드는 태양아! 우울한 별아!

그 빛은 두려움으로 떨면서

눈물지으며 연기로 타오르고 저 멀리서

저 끝없는 차가운 그림자를 나타내 보이는 것을

어차피 흩어 버려 좋을지라도

그 바닥에 이르지 못하나니

하여 못 견디게 그리울지라도

이미 멸망해 타 없어질 것을 어찌하랴

찬란한 빛으로 한때 빛나는 다른 나날들이 있을지라도

힘없는 사양[22]을 적실 뿐이로다.

밤은 흐릿한 눈초리를 가지고 바라보며 잠 못 들어

선명한 그러나 머나먼

뚜렷한 그러나 머나먼

선명한 그러나 이 얼마나 추운 곳인가!

---

22 사양 : 석양

사노라면 사람은 죽는 것을

하루라도 몇 번씩 내 생각은
내가 무엇하려고 살려는지?
모르고 살았노라, 그럴 말로
그러나 흐르는 저 냇물이
흘러가서 바다로 든댈진댄.
일로조차 그러면, 이 내 몸은
애쓴다고는 말부터 잊으리라.
사노라면 사람은 죽는 것을
그러나, 다시 내 몸,
봄빛의 불붙는 사태흙에
집 짓는 저 개아미
나도 살려 하노라, 그와 같이
사는 날 그날까지
살음에 즐거워서,
사는 것이 사람의 본뜻이면
오오 그러면 내 몸에는
다시는 애쓸 일도 더 없어라
사노라면 사람은 죽는 것을.

꿈길

물 구슬의 봄 새벽 아득한 길
하늘이며 들 사이에 넓은 숲
젖은 향기 불긋한 잎 위의 길
실그물의 바람 비쳐 젖은 숲
나는 걸어가노라 이러한 길
밤저녁의 그늘진 그대의 꿈
흔들리는 다리 위 무지개 길
바람조차 가을 봄 걷히는 꿈

봄비

얼굴 없이 지는 꽃은 가는 봄인데
얼굴 없이 오는 비에 봄은 울어라.
서럽다, 이 나의 가슴속에는!
보라, 높은 구름 나무의 푸릇한 가지.
그러나 해 늦으니 어스름인가.
애달피 고운 비는 그어 오지만
내 몸은 꽃자리에 주저앉아 우노라.

어버이

잘살며 못살며 할 일이 아니라
죽지 못해 산다는 말이 있나니.
바이 죽지 못할 것도 아니지마는
금년에 열네 살, 아들딸이 있어서
순복이 아부님은 못 하노란다.

어버이

잘살며 못살며 할 일이 아니라
죽지 못해 산다는 말이 있나니.
바이 죽지 못할 것도 아니지마는
금년에 열네 살, 아들딸이 있어서
순복이 아부님은 못 하노란다.

눈

새하얀 흰 눈, 가비얍게 밟을 눈
재 같아서 날릴 듯 꺼질 듯한 눈
바람엔 흩어져도 불길에야 녹을 눈
계집의 마음, 님의 마음.

눈

새하얀 흰 눈, 가비얍게[21] 밟을 눈
재 같아서 날릴 듯 꺼질 듯한 눈
바람엔 흩어져도 불길에야 녹을 눈
계집의 마음, 님의 마음.

---

21 가비얍게 : 가볍게

2장

1920년 「낭인의 봄」, 「야의 우적」, 「그리워」 등으로 문단 데뷔

애모[18]

왜 아니 오시나요.
영창[19]에는 달빛, 매화꽃이
그림자는 산란히 휘젓는데.
아니, 눈 딱 감고 요대로 잠을 들자.

저 멀리 들리는 것!
봄철의 밀물 소리
물나라의 영롱한 구중궁궐[20], 궁궐의 오요한 곳.
잠 못 드는 용녀의 춤과 노래, 봄철의 밀물 소리.

어두운 가슴속의 구석구석…………
환연한 거울 속에, 봄 구름 잠긴 곳에,
소솔비 내리며, 달무리 둘려라.
이때도록 왜 아니 오시나요. 왜 아니 오시나요.

18 애모(愛慕) : 사랑하며 사모함
19 영창(映窓) : 방과 마루 사이의 미닫이
20 구중궁궐(九重宮闕) : 깊은 궁궐

추회[14]

나쁜 일까지라도 생의 노력.

그 사람은 선사[15]도 하였어라

그러나 그것도 허사라고!

나 역시 알지마는, 우리들은

끝끝내 고개를 넘고 넘어

짐 싣고 닫던 말도 순막집[16]의

허청[17]가, 석양 손에

고요히 조으는 한때는 다 있나니,

고요히 조으는 한때는 다 있나니.

14 추회(追悔) : 지나간 것을 그리워함
15 선사(善事) : 신령과 부처에게 공양함
16 순막집 : 돌아다니다 잠깐 쉬는 막
17 허청(虛廳) : 헛간

못 잊어

못 잊어 생각이 나겠지요,
그런대로 한세상 지내시구려,
사노라면 잊힐 날 있으리다.

못 잊어 생각이 나겠지요,
그런대로 세월만 가라시구려,
못 잊어도 더러는 잊히오리다.

그러나 또 한긋 이렇지요,
"그리워 살뜰히 못 잊는데,
어쩌면 생각이 떠지나요?"

못 잊어

못 잊어 생각이 나겠지요,
그런대로 한세상 지내시구려,
사노라면 잊힐 날 있으리다.

못 잊어 생각이 나겠지요,
그런대로 세월만 가라시구려,
못 잊어도 더러는 잊히오리다.

그러나 또 한긋[13] 이렇지요,
"그리워 살뜰히 못 잊는데,
어쩌면 생각이 떠지나요?"

13 한긋 : 한편

닭 소리

그대만 없게 되면
가슴 뛰노는 닭 소리 늘 들어라.

밤은 아주 새어 올 때
잠은 아주 달아날 때

꿈은 이루기 어려워라.

저리고 아픔이여
살기가 왜 이리 고달프냐.

새벽 그림자 산란한[12] 들풀 위를
혼자서 거닐어라.

12 산란(散亂)한 : 흩어져 어지러운

자주
구름

둘고운 자주 구름,
하늘은 개어 오네.
밤중에 몰래 온 눈
솔숲에 꽃 피었네.

아침볕 빛나는데
알알이 뛰노는 눈

밤새에 지난 일을
저 잊고 바라보네

움직거리는 자주 구름

자주 구름

물 고운 자주 구름,
하늘은 개어 오네.
밤중에 몰래 온 눈
솔숲에 꽃 피었네.

아침별 빛나는데
알알이 뛰노는 눈

밤새에 지난 일을
다 잊고 바라보네.

움직거리는 자주 구름.

무제

사람의 끝은 죽음.
세월이 빠르지 않고.
사랑을 함 죽음.
제 마음을 못 죽이네.
살음이 어렵도다.
사랑하기 힘들도다.
누구는 나서 세상에
행복이 있다고 하노.

무제

사람의 끝은 죽음.

세월이 빠르지 않고.

사랑을 함 죽음.

제 마음을 못 죽이네.

살음이 어렵도다.

사랑하기 힘들도다.

누구는 나서 세상에

행복이 있다고 하노.

그를 꿈꾼 밤

야밤중, 불빛이 발갛게
어렴풋이 보여라.

들리는 듯, 마는 듯,
발자국 소리.
스러져 가는 발자국 소리.

아무리 혼자 누워 몸을 뒤재도[11]
잃어버린 잠은 다시 안 와라.

야밤중, 불빛이 발갛게
어렴풋이 보여라.

11 뒤재도 : 뒤척여도

밤

홀로 잠들기가 참말 외로와요
맘에는 사무치도록 그리워와요
이리도 무던히
아주 얼굴조차 잊힐 듯해요.

벌써 해가 지고 어둡는데요,
이곳은 인천의 제물포, 이름난 곳,
부슬부슬 오는 비에 밤이 더디고
바닷바람이 춥기만 합니다.

다만 고요히 누워 들으면
다만 고요히 누워 들으면
하얗게 밀려드는 봄 밀물이
눈앞을 가로막고 흐느낄 뿐이야요.

눈 오는 저녁

바람 자는 이 저녁
흰 눈은 퍼붓는데
무엇하고 계시노
같은 저녁 금년은……

꿈이라도 꾸면은!
잠들면 만날런가.
잊었던 그 사람은
흰 눈 타고 오시네.

저녁때. 흰 눈은 퍼부어라.

설움에 겹도록 부르노라.
설움에 겹도록 부르노라.
부르는 소리가 비껴가지만
하늘과 땅 사이가 너무 넓구나.

선 채로 이 자리에 돌이 되어도
부르다가 내가 죽을 이름이여!
사랑하던 그 사람이여!
사랑하던 그 사람이여!

초혼

산산이 부서진 이름이여!
허공 중에 헤어진 이름이여!
불러도 주인 없는 이름이여!
부르다가 내가 죽을 이름이여!

심중에 남아 있는 말 한마디는
끝끝내 마저 하지 못하였구나.
사랑하던 그 사람이여!
사랑하던 그 사람이여!

붉은 해는 서산마루에 걸리었다.
사슴의 무리도 슬피 운다.
떨어져 나가 앉은 산 위에서
나는 그대의 이름을 부르노라.

설움에 겹도록 부르노라.
설움에 겹도록 부르노라.
부르는 소리가 비껴가지만
하늘과 땅 사이가 너무 넓구나.

선 채로 이 자리에 돌이 되어도
부르다가 내가 죽을 이름이여!
사랑하던 그 사람이여!
사랑하던 그 사람이여!

초혼[10]

산산이 부서진 이름이여!
허공 중에 헤어진 이름이여!
불러도 주인 없는 이름이여!
부르다가 내가 죽을 이름이여!

심중에 남아 있는 말 한마디는
끝끝내 마저 하지 못하였구나.
사랑하던 그 사람이여!
사랑하던 그 사람이여!

붉은 해는 서산마루에 걸리었다.
사슴의 무리도 슬피 운다.
떨어져 나가 앉은 산 위에서
나는 그대의 이름을 부르노라.

10 초혼(招魂) : 죽은 사람의 혼을 부르는 일

널

성촌[7]의 아가씨들

널뛰노나

초파일 날이라고

널을 뛰지요.

바람 불어요

바람이 분다고!

담 안에는 수양[8]의 버드나무

채색[9] 줄 층층 그네 매지를 말아요

담 밖에는 수양의 늘어진 가지

늘어진 가지는

오오 누나!

휘젓이 늘어져서 그늘이 깊소.

좋다 봄날은

몸에 겹지

널뛰는 성촌의 아가씨네들

널은 사랑의 버릇이라오

7 성촌(城村): 성곽과 촌락
8 수양(垂楊): 가지가 아래로 늘어지게 자라는 버드나무
9 채색(彩色): 여러 고운 빛깔

부귀공명

거울 들어 마주 온 내 얼굴을
좀 더 미리부터 알았던들,
늙는 날 죽는 날을
사람은 다 모르고 사는 탓에,
오오 오직 이것이 참이라면
그러나 내 세상이 어디인지?
지금부터 두 여덟 좋은 연광[6]
다시 와서 내게도 있을 말로
전보다 좀 더 전보다 좀 더
살음즉이 살는지 모르련만.
거울 들어 마주 온 내 얼굴을
좀 더 미리부터 알았던들!

6 연광(年光) : 젊은 시절

진달래꽃

나 보기가 역겨워
가실 때에는
말없이 고이 보내드리우리다

영변에 약산
진달래꽃
아름 따다 가실 길에 뿌리우리다

가시는 걸음걸음
놓인 그 꽃을
사뿐히 즈려밟고 가시옵소서

나 보기가 역겨워
가실 때에는
죽어도 아니 눈물 흘리우리다

진달래꽃

나 보기가 역겨워
가실 때에는
말없이 고이 보내드리우리다

영변[4]에 약산[5]
진달래꽃
아름 따다 가실 길에 뿌리우리다

가시는 걸음걸음
놓인 그 꽃을
사뿐히 즈려밟고 가시옵소서

나 보기가 역겨워
가실 때에는
죽어도 아니 눈물 흘리우리다

4 영변(寧邊) : 평안도의 한 지명, 시인이 태어난 곳
5 약산(藥山) : 영변의 어느 산

맘에 있는 말이라고 다 할까 보냐

하소연하며 한숨을 지우며
세상을 괴로워하는 사람들이여!
말을 나쁘지 않도록 좋이 꾸밈은
닳아진 이 세상의 버릇이라고, 오오 그대들!
맘에 있는 말이라고 다 할까 보냐.
두세 번 생각하라, 우선 그것이
저부터 밑지고 들어가는 장사일진댄.
사는 법이 근심은 못 가른다고,
남의 설움을 남은 몰라라.
말 마라, 세상, 세상 사람은
세상의 좋은 이름 좋은 말로써
한 사람을 속옷마저 벗긴 뒤에는
그를 네길거리에 세워 놓아라, 장승도 마치 한가지.
이 무슨 일이냐, 그날로부터,
세상 사람들은 제가끔 제 비위의 헐한 값으로
그의 몸값을 매기자고 덤벼들어라.
오오 그러면, 그대들은 이후에라도
하늘을 우러르라, 그저 혼자, 섧거나[3] 괴롭거나.

3 섧거나 : 서럽거나

훗길

어버이님네들이 외우는 말이
"딸과 아들을 기르기는
훗길을 보자는 심성이로다."
그러하다. 분명히 그네들도
두 어버이 틈에서 생겼어라.
그러나 그 무엇이냐, 우리 사람!
손들어 가르치던 먼 훗날에
그네들이 또다시 자라 커서
한결같이 외우는 말이
"훗길을 두고 가자는 심성으로
아들딸을 늙도록 기르노라."

훗길

어버이님네들이 외우는 말이
"딸과 아들을 기르기는
훗길을 보자는 심성이로라."
그러하다. 분명히 그네들도
두 어버이 흠에서 생겼어라.
그러나 그 무엇이냐, 우리 사람!
손들어 가르치던 먼 훗날에
그네들이 또다시 자라 커서
한결같이 외우는 말이
"훗길을 두고 가자는 심성으로
아들딸을 늙도록 기르노라."

부부

오오 아내여, 나의 사랑!
하늘이 묶어 준 짝이라고
믿고 살음이 마땅치 아니한가.
아직 다시 그러랴, 안 그러랴?
이상하고 별납은 사람의 맘,
저 몰라라, 참인지, 거짓인지?
정분으로 얽은 딴 두 몸이라면.
서로 어그점인들 또 있으랴.
한평생이라도 반백년
못 사는 이 인생에!
연분의 긴 실이 그 무엇이냐?
나는 말하려노라, 아무려나,
죽어서도 한 곳에 묻히더라.

부부

오오 아내여, 나의 사랑!

하늘이 묶어 준 짝이라고

믿고 살음이 마땅치 아니한가.

아직 다시 그러랴, 안 그러랴?

이상하고 별납은[1] 사람의 맘,

저 몰라라, 참인지, 거짓인지?

정분으로 얽은 딴 두 몸이라면.

서로 어그점인들[2] 또 있으랴.

한평생이라도 반백년

못 사는 이 인생에!

연분의 긴 실이 그 무엇이냐?

나는 말하려노라, 아무려나,

죽어서도 한 곳에 묻히더라.

1 별납은 : 별난
2 어그점인들 : 어긋남인들

엄숙

나는 혼자 뫼 우에 올랐어라.
솟아 퍼지는 아침 햇볕에
풀잎도 번쩍이며
바람은 속삭여라.
그러나
아아 내 몸의 상처받은 맘이여
맘은 오히려 저리고 아픔에 고요히 떨려라
또 다시금 나는 이 한때에
사람에게 있는 엄숙을 모두 느끼면서.

1장

1902년 8월 6일 평북 구성 출생,
본명 김정식廷湜

4장

134 해가 산마루에 저물어도
136 옛이야기
138 묵념
140 예전엔 미처 몰랐어요
142 빛
144 비단 안개
146 붉은 조수
148 봄
150 희망
152 새벽
154 봄밤
156 야의 우적
158 어려 듣고 자라 배워 내가 안 것은
160 엄마야 누나야
162 전망
164 눈물이 쉬루르 흘러납니다
166 님과 벗
168 세모감
170 나의 집

3장

- 094 바람과 봄
- 096 바다
- 098 맘에 속의 사람
- 100 먼 후일
- 102 드리는 노래
- 104 개여울
- 106 개아미
- 108 고적한 날
- 110 기회
- 112 깊고 깊은 언약
- 114 옛낯
- 116 그리워
- 118 금잔디
- 120 자나 깨나 앉으나 서나
- 122 잊었던 맘
- 124 어디로
- 126 오시는 눈
- 128 옷
- 130 설움의 덩이

2장

054 눈
056 어버이
058 봄비
060 꿈길
062 사노라면 사람은 죽는 것을
064 잠 못 드는 태양
066 부모
068 나는 세상 모르고 살았노라
070 첫 치마
072 가련한 인생
074 마음의 눈물
076 늦은 가을비
078 황촉 불
080 님의 노래
082 낙천
084 남의 나라 땅
086 꿈꾼 그 옛날
088 등불과 마주 앉았으려면
090 불운에 우는 그대여

차례

006 여는 말 : 필사, 따라 쓰다
008 고석규 평론 : 소월 시 해설

1장

016 엄숙
018 부부
020 훗길
022 맘에 있는 말이라고 다 할까 보냐
024 진달래꽃
026 부귀공명
028 널
030 초혼
034 눈 오는 저녁
036 밤
038 그를 꿈꾼 밤
040 무제
042 자주 구름
044 닭 소리
046 못 잊어
048 추회
050 애모

투철한 낭만주의였다고 보기 때문이다. 김소월은 세기말 시대에 있는 퇴폐한 도시 중심의 서정에 반발하여 고유하고 고전적이며 파묻힌 서정에 먼저 눈을 떴다. 김소월의 낭만주의는 실로 이러한 눈을 기르며 살려 나가는 데 있어서 천재적인 작품들을 형성할 수 있었던 것이다.

 만일 김소월 시에 있어서 숙명적인 무저항과 체험적인 것을 찾아냄은 아주 부당한 일이다. 적어도 김소월에게는 우리들 눈으로 식별할 수 없는 자기 의식의 방법이 언제나 엄숙하게 서정의 밑바닥을 채우고 있었다. 김소월은 가장 전형적인 대결의 인간, 모더니스트가 아니었던가 한다. 오늘날 한국 문학은 김소월 시에 대한 새로운 검토와 새로운 비판을 요청해야 한다. 지루하고 까다로운 이야기지만, 김소월은 보이지 않는 저항 속에서 시의 형태를 다듬어 갔다는 것이다. 또한 나아가서 우리 시의 복잡한 문제들이 일어날 때마다 우리는 이 쉬우면서도 쉽지 않은 김소월의 시를 몇 번씩이나 느껴 보고 다루어 보아야만 한다.

소월 시 해설

고석규

　시에 대하여 해설을 붙인다고 하는 것은 시에 대한 치명적인 타격이 된다고 생각하며 시인에 대한 참혹한 모욕이라고 생각한다. 더군다나 김소월과 같은 고명한 시인에 대해서 말이다. 김소월의 시를 해설하라 하면 차라리 한 편의 소월 시를 읊고, 듣고, 다시 거기에 흐르는 어떤 아늑한 감동을 각자가 마음속에 새겨 볼 수 있다면 저절로 소월 시는 이해된 것이 아니겠나.

　그러나 구태여 소월 시를 해설해야 한다면 한 편의 시가 아니라 김소월의 일생을 통하여 이루어진 시작 전편에 흐르는 어떤 윤곽을 다른 말로써 비교적 알기 쉽도록 이야기하는 것이 되겠다. 김소월은 시에 있어서 무엇을 적었으며 무엇을 적을 수 없었던가. 또한 김소월은 어찌하여 그런 것을 적음으로써 김소월은 어떻게 되었는가 하는 것들이 문제가 되겠다.

　이 이야기는 자연스레 김소월의 시와 그 자신과의 관계로 돌아가고 말 것이다. 시인 김소월은 본명이 김정식이라고 불렸으며 1903년에 태어나 1936년에 서른셋이라는 젊은 나이로 요절하였다. 이미 열여덟이 되던 해에 「못 잊어」라는 작품을 냈고 《개벽》이라는 잡지에 「진달래꽃」이 발표된 것은 1922년, 그가 20세가 되던 해입니다. 그다음 해인 1923년에 그는 「삭주귀성」이라는 시를 발표하여 점점 세상의 이목을 끌게 되었다.

　김소월은 주지하는 바와 같이 동경 상과대학까지 마친 건전한 지성인이었다. '그러한 지성인이 어찌하여 도시 문명을 떠나서 자연 속으로 은퇴하였는가' 사람들은 여기에 있어서 소월 시의 출발을 구명하려고 한다. 그리하여 심지어는 이런 말까지 들린다. '그때 우리 문단은 한창 「백조」 중심의 낭만주의가 전성하던 시기인데 김소월은 혼자서 그러한 낭만주의를 아랑곳하지 않았다'라고. 그러나 나의 생각은 이것과 전적으로 배치된다.

　그것은 우리 문단의 낭만주의가 불순한 사이비 낭만주의였던 데 비하여 고고한 김소월의 낭만주의는 비록 불완전하며 자연발생적이었다 할지라도 비교적

독립운동의 얼이 담긴 필사

아름다운 민족시를 독립운동가 김구, 안중근, 윤봉길, 한용운의 서체로 담았습니다. 기록이 남아 있는 글씨들을 모아 연구하여 현대의 디지털 폰트로 구현한 독립 서체-GS 칼텍스 독립서체 캠페인 gscaltexmediahub.com, 공유마당 gongu.copyright.or.kr 도움-로 당시로 당시 독립운동가들의 얼을 느낄 수 있습니다.

명필로 적힌 명시를 한 자씩 따라 쓰다 보면 독립운동의 정신을 계승하고 그 숭고함을 오래 간직할 수 있을 것입니다.

시를 새기는 방법

꼭 따라 써야 하는 과제로 받아들이지는 마세요. 우리가 그분들을 매일 상기하지는 않지만 잊지 않았듯, 마음 한곳에 두었다가 꺼내 읽고 감상하세요. 그러다가 마음이 동하는 시구를 만나게 된다면 책갈피를 꽂아 두어도 되고, 한쪽 귀퉁이를 접어 두어도 되고, 연필이나 펜으로 동그라미를 그려도 됩니다. 책의 형태와 시어 해석에 얽매이지 말고 자유롭게 다루며 천천히 음미하다 보면 시는 우리에게 자연스럽게 새겨집니다.

필사, 따라 쓰다

백석을 필사한 윤동주

　필사란 붓 필과 베낄 사의 한자를 사용해 '베껴서 쓰다'라는 뜻을 가집니다. 손을 이용해 글을 쓰는 행위가 문해력을 높인다는 사실은 이미 자명하고, 깊은 독서를 가능케 하며 어릴 적 글쓰기는 자존감 형성에 도움을 주기도 합니다.
　시를 옮겨 적으며 시어가 내포한 이미지를 떠올리고, 자신과 비슷한 처지의 시를 감상하고 필사하다 보면 시인의 경험을 간접 체험하고 감정에 공감하게 되므로 간접적인 글쓰기의 효과를 가집니다. 윤동주 시인 역시 백석 시인의 시집을 필사하였습니다.

필사로 하는 자기 치유

　글쓰기는 아주 오래전부터 정신건강 분야에서 인정받아온 치료법입니다. 간접적인 글쓰기 과정에서 우리는 가둬 놓았던 감정을 배출하기도 하고, 시어에 빠져들며 카타르시스를 느낄 수 있는데, 이를 통하여 곧 정서적 위안과 자아 성찰의 열매를 얻는 것입니다.
　필사함으로써 시를 이루는 은유적 표현이 가지는 의미의 변화와 관계의 확장을 배우며, 감각의 환기를 일으켜 우리가 훨씬 풍부하고 다채로운 세상을 보게 합니다. 세상을 관찰하는 넓은 시야각은 폭넓은 생각으로 우리를 이끌고 자연스레 문제 해결력과 자기 치료의 능력을 키울 수 있게 합니다.

김소월을 새길 _____에게

하루 한 편
김소월을 새기다

하루 한 편
김소월을 새기다

Copyright ⓒ 2022 by Youngjin.com Inc.
401, STX-V Tower, 128, Gasan digital 1-ro, Geumcheon-gu, Seoul, Republic of Korea.
All rights reserved. First published by Youngjin.com. in 2022. Printed in Korea
저작권법에 의해 한국 내에서 보호를 받는 저작물이므로 무단 전재와 복제를 금합니다.

ISBN 978-89-314-6539-6

독자님의 의견을 받습니다
이 책을 구입한 독자님은 영진닷컴의 가장 중요한 비평가이자 조언가입니다. 저희 책의 장점과 문제점이 무엇인지, 어떤 책이 출판되기를 바라는지, 책을 더욱 알차게 꾸밀 수 있는 아이디어가 있으면 이메일, 또는 우편으로 연락주시기 바랍니다. 의견을 주실 때에는 책 제목 및 독자님의 성함과 연락처(전화번호나 이메일)를 꼭 남겨 주시기 바랍니다. 독자님의 의견에 대해 바로 답변을 드리고, 또 독자님의 의견을 다음 책에 충분히 반영하도록 늘 노력하겠습니다.

파본이나 잘못된 도서는 구입처에서 교환 및 환불해드립니다.

이메일 : book2@youngjin.com
주 소 : (우)08507 서울특별시 금천구 가산디지털1로 128 STX-V타워 4층 401호 (주) 영진닷컴 기획2팀
등 록 : 2007. 4. 27. 제16-4189호

STAFF
저자 김소월 | **총괄** 이혜영 | **진행** 이화연 | **디자인·편집** 김효정 | **영업** 박준용, 임용수, 김도현 |
마케팅 이승희, 김근주, 조민영, 김도연, 채승희, 김민지, 임해나, 이다은 | **제작** 황장협 | **인쇄** 예림인쇄

하루 한 편
김소월을 새기다